Impressum
Verlag: BABADADA GmbH, Nedderfeld 112 , 22529 Hamburg
Geschäftsführer / Verlagsleitung: Harald Hof
Druck: Books on Demand GmbH, In de Tarpen 42, 22848 Norderstedt

Imprint
Publisher: BABADADA GmbH, Nedderfeld 112 , 22529 Hamburg, Germany
Managing Director / Publishing direction: Harald Hof
Print: Books on Demand GmbH, In de Tarpen 42, 22848 Norderstedt, Germany

škola
skola

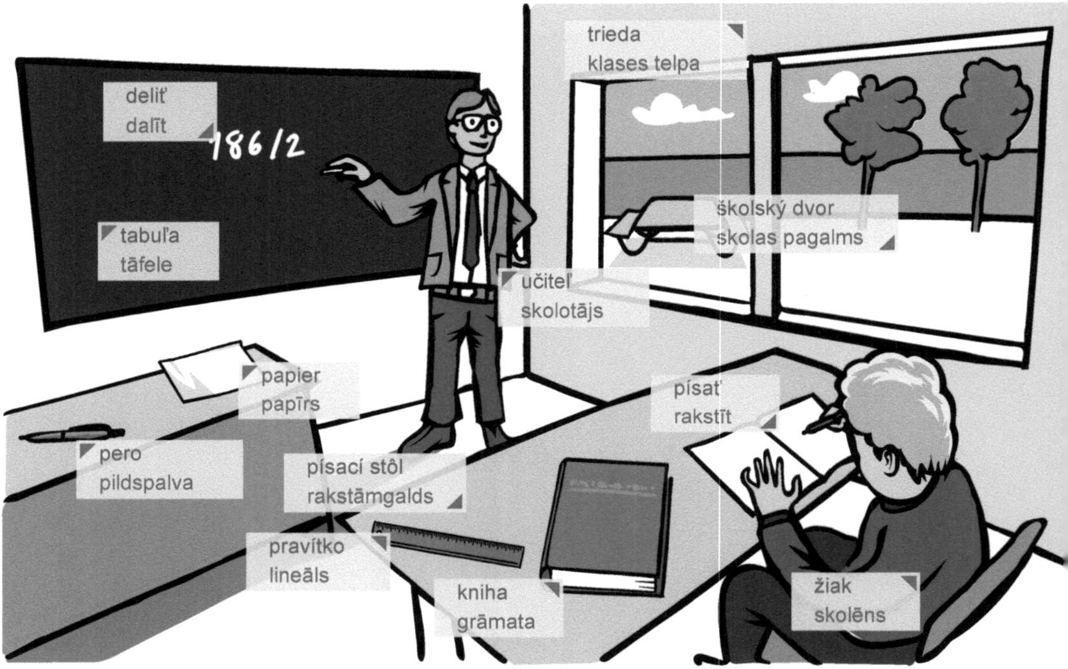
trieda
klases telpa
deliť
dalīt
186/2
tabuľa
tāfele
školský dvor
skolas pagalms
učiteľ
skolotājs
papier
papīrs
písať
rakstīt
pero
pildspalva
písací stôl
rakstāmgalds
pravítko
lineāls
kniha
grāmata
žiak
skolēns

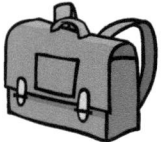

školská taška

skolas soma

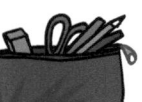

peračník

penālis

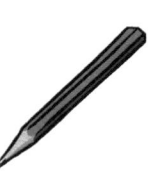

ceruza

zīmulis

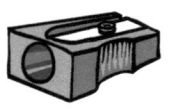

strúhadlo na ceruzky

zīmuļu asināmais

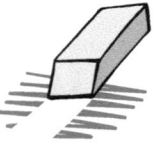

guma

dzēšgumija

skicár

zīmēšanas bloks

kresba
zīmējums

štetec
ota

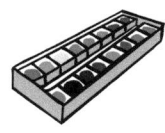

vodové farby
krāsas

nožnice
šķēres

lepidlo
līme

cvičný zošit
darba burtnīca

domáca úloha
mājas darbs

12

číslo
skaitlis

2+2

sčítať
saskaitīt

5-2

odčítať
atņemt

2×2

násobiť
reizināt

počítať
rēķināt

A

písmeno
burts

ABCDEFG
HIJKLMN
OPQRSTU
VWXYZ

abeceda
alfabēts

slovo
vārds

text

teksts

čítať

lasīt

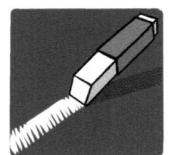

krieda

krīts

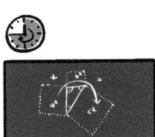

hodina

māčību stunda

triedna kniha

žurnāls

skúška

eksāmens

certifikát

liecība

školská uniforma

skolas forma

vzdelanie

izglītība

encyklopédia

enciklopēdija

univerzita

universitāte

mikroskop

mikroskops

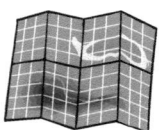

mapa

karte

kôš na papier

papīrgrozs

cesta

ceļojums

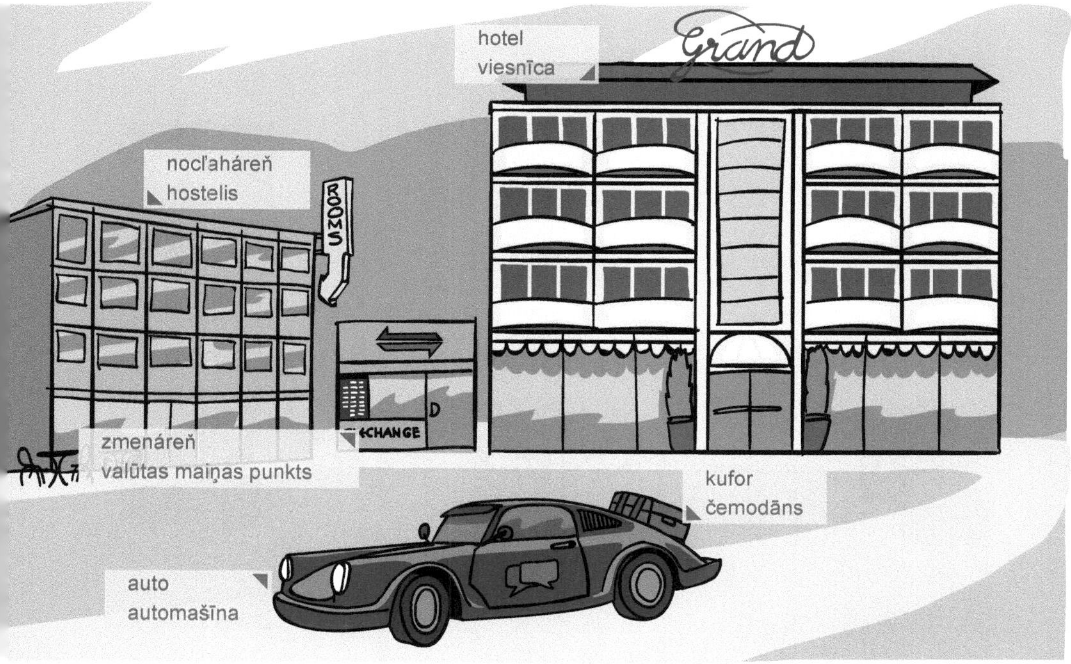
hotel
viesnīca
Grand
nocľaháreň
hostelis
ROOMS
zmenáreň
valūtas maiņas punkts
kufor
čemodāns
auto
automašīna

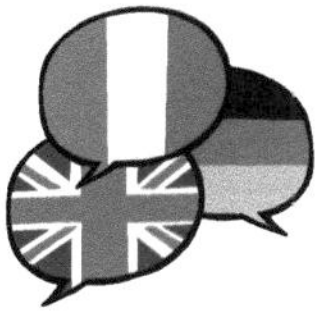

jazyk

Valoda

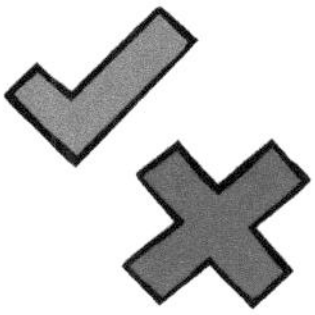

áno/nie

jā / nē

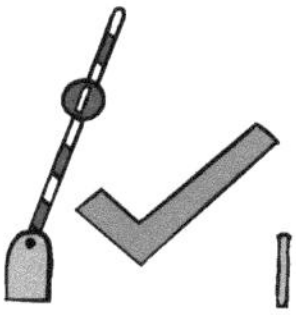

v poriadku

Okay

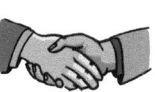

ahoj

Sveiki!

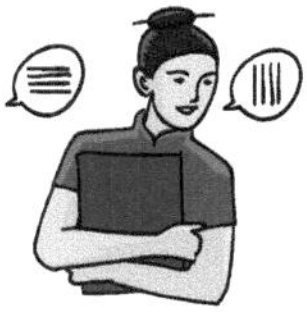

prekladateľ

tulks

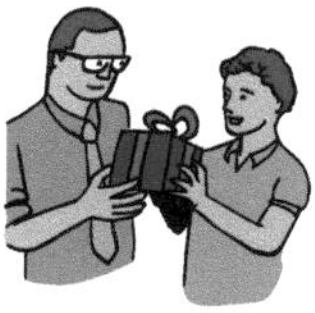

ďakujem

paldies

Koľko stojí ... ?

Cik maksā…?

Nerozumiem

Es nesaprotu

problém

problēma

Dobrý večer!

Labvakar!

Dobré ráno!

Labrīt!

Dobrú noc!

Ar labu nakti!

Dovidenia

Uz redzēšanos

smer

virziens

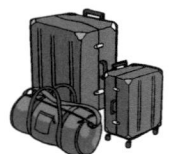

batožina

bagāža

taška

soma

batoh

mugursoma

hosť

viesis

izba

istaba

spacák

guļammaiss

stan

telts

informácie pre turistov

tūrisma informācija

pláž

pludmale

kreditná karta

kredītkarte

raňajky

brokastis

obed

pusdienas

večera

vakariņas

cestovný lístok

biļete

výťah

lifts

poštová známka

pastmarka

hranica

robeža

clo

muita

veľvyslanectvo

vēstniecība

vízum

vīza

cestovný pas

pase

doprava
transports

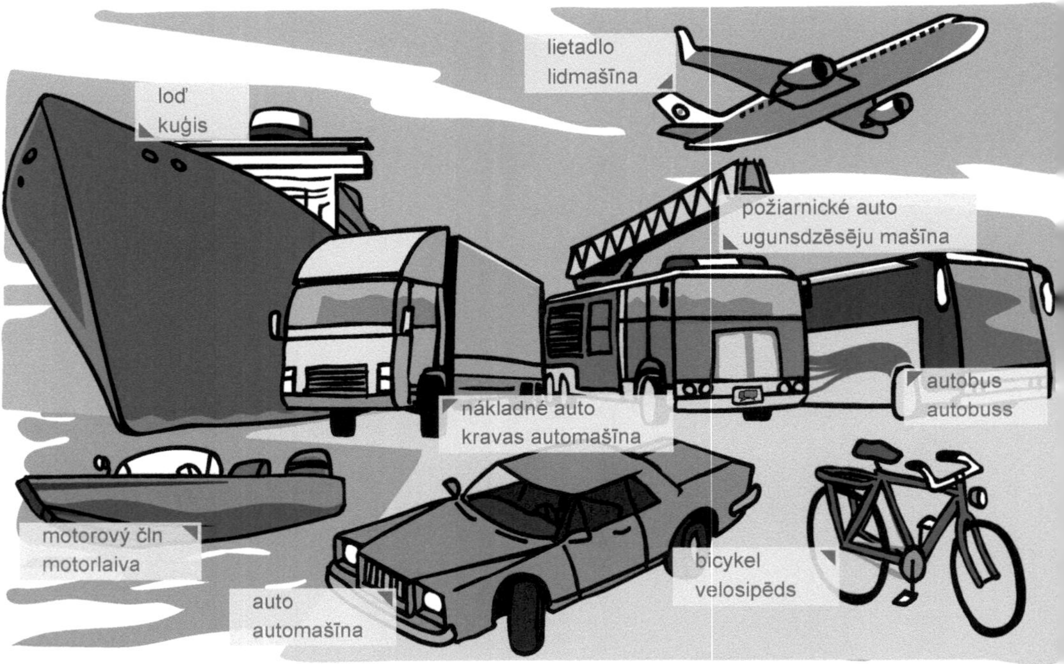
lietadlo
lidmašīna
loď
kuģis
požiarnické auto
ugunsdzēsēju mašīna
autobus
autobuss
nákladné auto
kravas automašīna
motorový čln
motorlaiva
bicykel
velosipēds
auto
automašīna

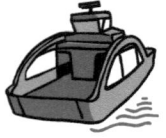

trajekt

prāmis

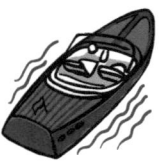

loď

laiva

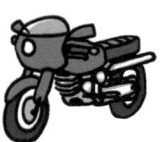

motorka

motocikls

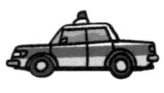

policajné auto

policijas automašīna

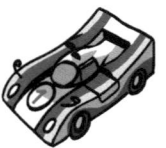

pretekárske auto

sacīkšu automobilis

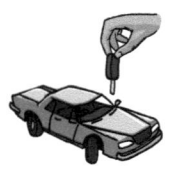

vozidlo z požičovne

nomas auto

carsharing

auto koplietošana

odťahové auto

evakuators

smetiarske auto

atkritumu mašīna

motor

dzinējs

benzín

benzīns

čerpacia stanica

degvielas uzpildes stacija

dopravná značka

ceļa zīme

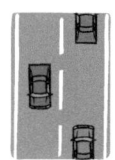

premávka

satiksme

zápcha

sastrēgums

parkovisko

stāvvieta

vlaková stanica

dzelzceļa stacija

trate

sliedes

vlak

vilciens

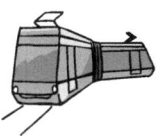

električka

tramvajs

vagón

vagons

helikoptéra

helikopters

letisko

lidosta

veža

tornis

pasažier

pasažieris

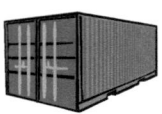

kontajner

konteiners

kartón

kaste

vozík

ratiņi

kôš

grozs

štartovať / pristáť

pacelties / nosēsties

mesto

pilsēta

dedina

ciems

centrum mesta

pilsētas centrs

dom

māja

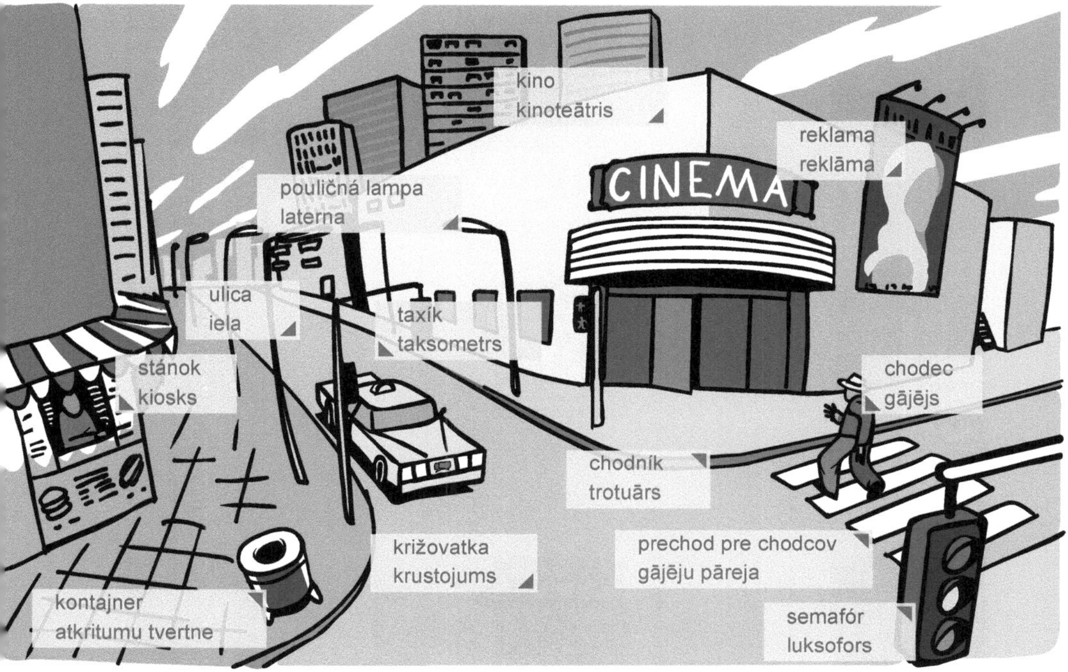

kino
kinoteātris

reklama
reklāma

pouličná lampa
laterna

ulica
iela

taxík
taksometrs

stánok
kiosks

chodec
gājējs

chodník
trotuārs

križovatka
krustojums

prechod pre chodcov
gājēju pāreja

kontajner
atkritumu tvertne

semafór
luksofors

chata
būda

byt
dzīvoklis

vlaková stanica
dzelzceļa stacija

radnica
rātsnams

múzeum
muzejs

škola
skola

univerzita

universitāte

banka

banka

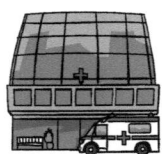

nemocnica

slimnīca

hotel

viesnīca

lekáreň

aptieka

kancelária

birojs

kníhkupectvo

grāmatnīca

obchod

veikals

kvetinárstvo

ziedu veikals

supermarket

lielveikals

trh

tirgus

obchodný dom

tirdzniecības centrs

obchodník s rybami

zivju tirgotājs

nákupné stredisko

tirdzniecības centrs

prístav

osta

park

parks

lavička

sols

most

tilts

schody

kāpnes

metro

metro

tunel

tunelis

autobusová zastávka

autobusa pieturvieta

bar

bārs

reštaurácia

restorāns

poštová schránka

pastkastīte

tabuľa s názvom ulice

ielas nosaukuma plāksne

parkovacie hodiny

stāvlaika skaitītājs

ZOO

zooloģiskais dārzs

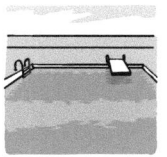

plaváreň

peldbaseins

mešita

mošeja

farma
....
zemnieku saimniecība

znečisťovanie životného
prostredia
....
vides piesārņojums

cintorín
....
kapsēta

kostol
....
baznīca

ihrisko
....
spēļu laukums

chrám
....
templis

terén

ainava

list
lapa

smerová tabuľa
ceļrādis

cesta
ceļš

lúka
pļava

kameň
akmens

turista
ceļotājs

strom
koks

rieka
upe

tráva
zāle

kvet
puķe

dolina

ieleja

kopec

kalns

jazero

ezers

les

mežs

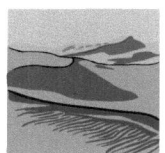

púšť

tuksnesis

vulkán

vulkāns

zámok

pils

dúha

varavīksne

hríb

sēne

palma

palma

komár

moskīts

mucha

muša

mravec

skudra

včela

bite

pavúk

zirneklis

chrobák

vabole

žaba

varde

veverička

vāvere

jež

ezis

zajac

zaķis

sova

pūce

vták

putns

labuť

gulbis

diviak

meža cūka

jeleň

briedis

los

alnis

hrádza

aizsprosts

veterná turbína

vēja ģenerators

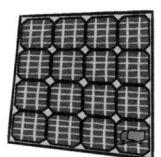

solárny panel

saules baterija

podnebie

klimats

reštaurácia
restorāns

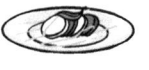

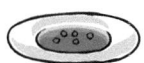

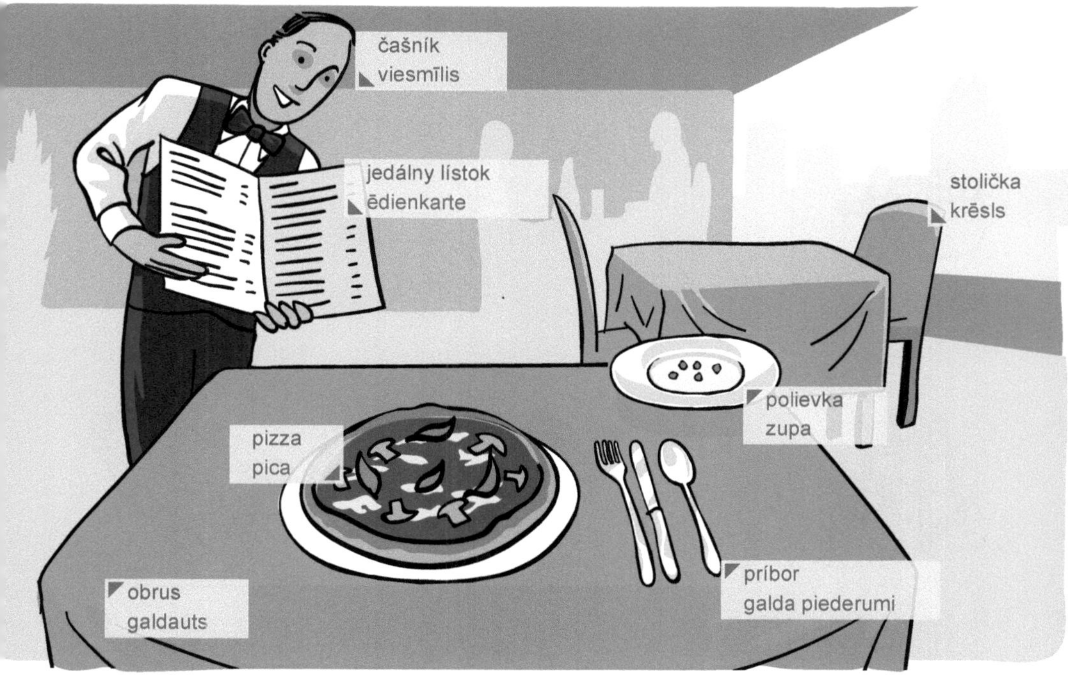
čašník
viesmīlis
jedálny lístok
ēdienkarte
stolička
krēsls
polievka
zupa
pizza
pica
príbor
galda piederumi
obrus
galdauts

predjedlo
uzkoda

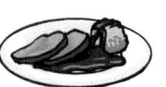

hlavné jedlo
pamatēdiens

zákusok
deserts

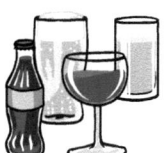

nápoje
dzērieni

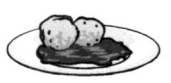

jedlo
ēdiens

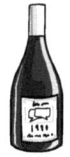

fľaša
pudele

fast-food

ātrās uzkodas

street food

ielu uzkodas

kanvica na čaj

tējkanna

cukornička

cukurtrauks

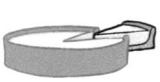

porcia

porcija

stroj na espresso

espresso kafijas automāts

detská stolička

bāra krēsls

účet

rēķins

podnos

paplāte

nôž

nazis

vidlička

dakša

lyžica

karote

čajová lyžička

tējkarote

obrúsok

salvete

pohár

glāze

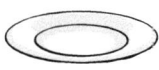

tanier
škīvis

hlboký tanier
zupas škīvis

podšálka
apakštase

omáčka
mērce

soľnička
sāls trauciņš

mlynček na korenie
piparu dzirnaviņas

ocot
etiķis

olej
eļļa

korenie
garšvielas

kečup
kečups

horčica
sinepes

majonéza
majonēze

supermarket
lielveikals

špeciálna ponuka
piedāvājums
FOR
klient
klients
mliečne výrobky
piena produkti
ovocie
augļi
nákupný vozík
iepirkumu ratiņi

BUTCHERS

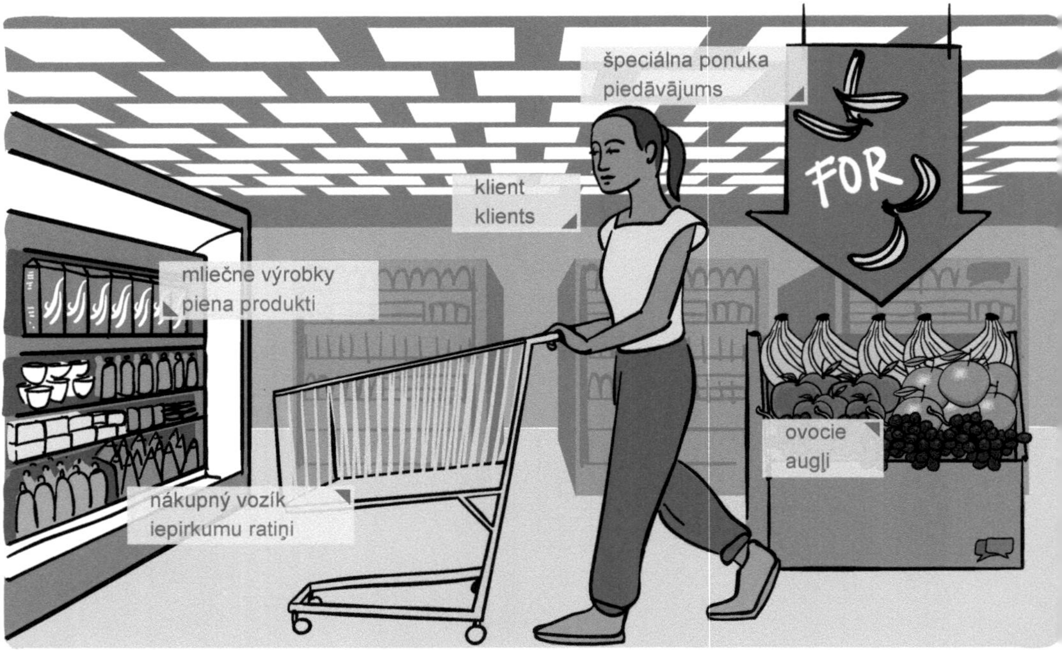

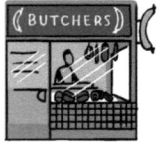

mäsiarstvo

kautuve

BAKERY

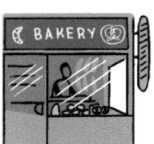

pekáreň

maizes veikals

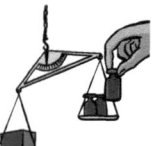

vážiť

svērt

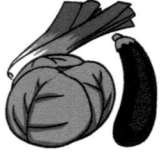

zelenina

dārzeņi

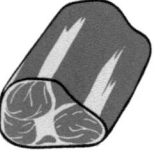

mäso

gaļa

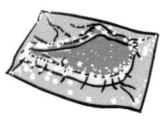

mrazené potraviny

saldēti produkti

nárez
aukstās gaļas uzkodas

konzervy
konservi

prací prostriedok
pulveris

sladkosti
saldumi

domáce potreby
mājsaimniecības preces

čistiace prostriedky
tīrīšanas līdzeklis

predavačka
pārdevēja

pokladňa
kase

pokladník
kasieris

nákupný zoznam
iepirkumu saraksts

otváracie hodiny
darba laiks

peňaženka
maks

kreditná karta
kredītkarte

taška
soma

plastové vrecko
maisiņš

voda

ūdens

džús

sula

mlieko

piens

kola

kola

víno

vīns

pivo

alus

alkohol

alkohols

kakao

kakao

čaj

tēja

káva

kafija

espresso

espresso

kapučíno

kapučīno

banán

banāns

jablko

ābols

pomaranč

apelsīns

melón

melone

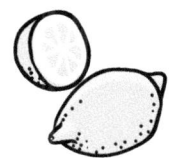

citrón

citrons

mrkva

burkāns

cesnak

ķiploks

bambus

bambuss

cibuľa

sīpols

hríb

sēne

orechy

rieksti

rezance

makaroni

špagety	ryža	šalát
spageti	rīsi	salāti

hranolky	pečené zemiaky	pizza
frī kartupeļi	cepti kartupeļi	pica

hamburger	obložený chlebík	rezeň
hamburgers	sviestmaize	šnicele
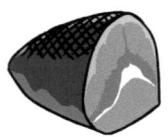		
šunka	saláma	klobása
šķiņķis	salami	desa

kurča	pečené mäso	ryba
vista	cepetis	zivs

ovsené vločky

auzu pārslas

müsli

muslis

kukuričné lupienky

brokastu pārslas

múka

milti

croissant

radziņš

pečivo

brokastu maizītes

chlieb

maize

hrianka

tostermaize

sušienky

cepumi

maslo

sviests

tvaroh

biezpiens

koláč

kūka

vajce

ola

volské oko

cepta ola

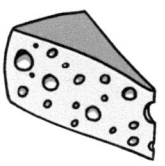

syr

siers

zmrzlina

saldējums

cukor

cukurs

med

medus

lekvár

marmelāde

nugátová nátierka

riekstu krēms

karí korenie

karijs

farma
zemnieku saimniecība

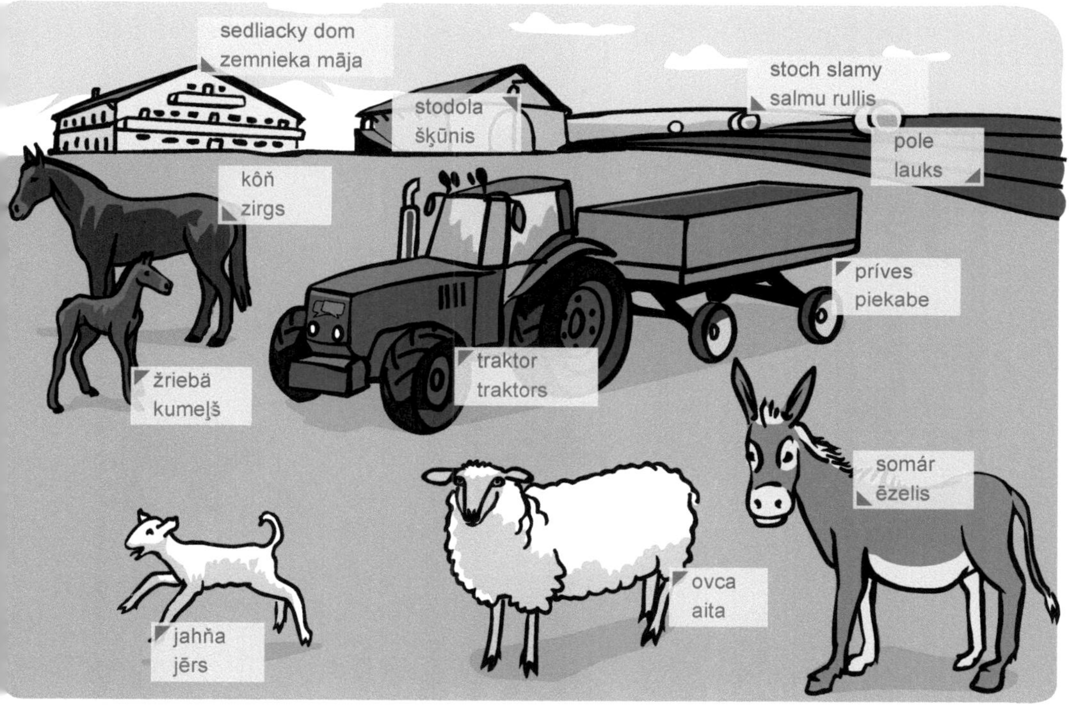
sedliacky dom
zemnieka māja
stodola
šķūnis
stoch slamy
salmu rullis
pole
lauks
kôň
zirgs
príves
piekabe
traktor
traktors
žriebä
kumeļš
somár
ēzelis
ovca
aita
jahňa
jērs

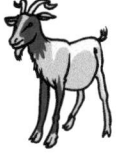

koza

kaza

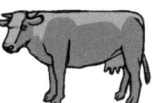

krava

govs

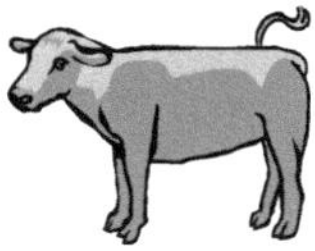

teľa

teļš

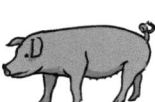

prasa

cūka

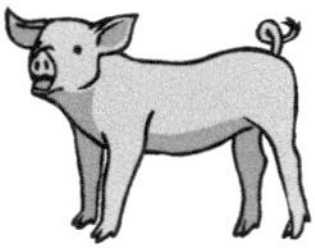

prasiatko

sivēns

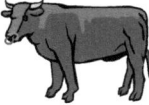

býk

bullis

hus

zoss

kačica

pīle

kuriatko

cālis

sliepka

vista

kohút

gailis

potkan

žurka

mačka

kaķis

myš

pele

vôl

vērsis

pes

suns

psia búda

suņa būda

záhradná hadica

dārza šļūtene

krhla

lejkanna

kosa

izkapts

pluh

arkls

kosák

sirpis

motyka

kaplis

vidly na hnoj

mēslu dakša

sekera

cirvis

fúrik

ķerra

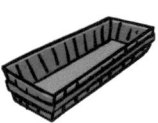

koryto

sile

kanva na mlieko

piena kanna

vrece

maiss

plot

žogs

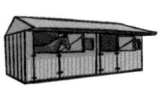

maštaľ

kūts

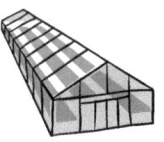

skleník

siltumnīca

pôda

augsne

osivo

sēklas

hnojivo

mēslojums

kombajn

kombains

žať
novākt ražu

žatva
raža

batát
jamss

pšenica
kvieši

sója
soja

zemiak
kartupelis

kukurica
kukurūza

repka
rapsis

ovocný strom
augļu koks

maniok
manioka

obilie
labība

dom
māja

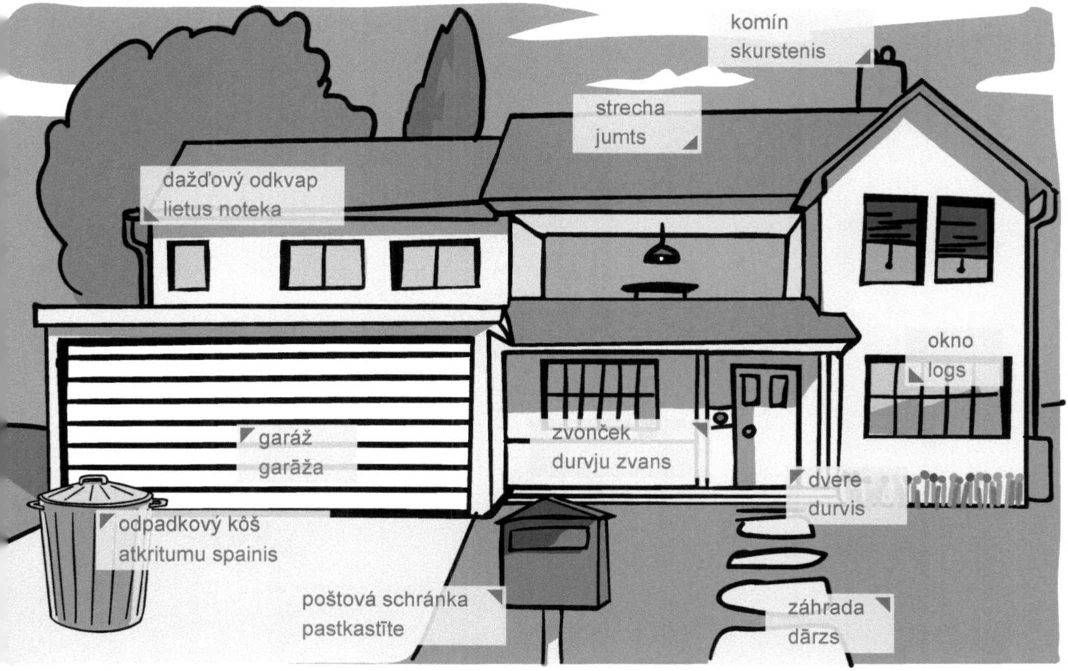

komín
skurstenis
strecha
jumts
dažďový odkvap
lietus noteka
okno
logs
garáž
garāža
zvonček
durvju zvans
dvere
durvis
odpadkový kôš
atkritumu spainis
poštová schránka
pastkastīte
záhrada
dārzs

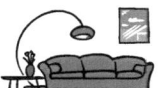

obývačka
viesistaba

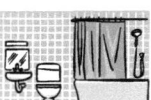

kúpeľňa
vannas istaba

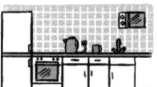

kuchyňa
virtuve

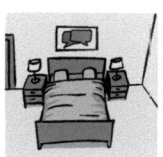

spálňa
guļamistaba

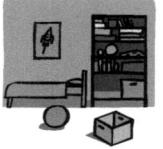

detská izba
bērnu istaba

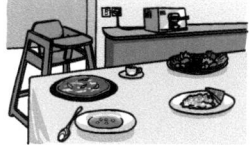

jedáleň
ēdamistaba

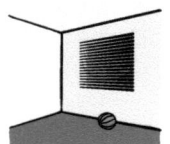

podlaha

grīda

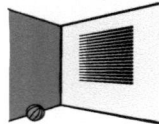

stena

siena

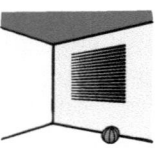

strop

griesti

pivnica

pagrabs

sauna

sauna

balkón

balkons

terasa

terase

bazén

baseins

kosačka

zāles pļāvējs

obliečka

gultas veļa

posteľná prikrývka

sega

posteľ

gulta

metla

slota

vedro

spainis

vypínač

slēdzis

obývačka
viesistaba

tapeta
tapetes
obraz
attēls
lampa
lampa
regál
plaukts
skriňa
skapis
televízor
televizors
kozub
kamīns
kvet
puķe
vankúš
spilvens
pohovka
dīvāns
váza
vāze
diaľkové ovládanie
tālvadības pults

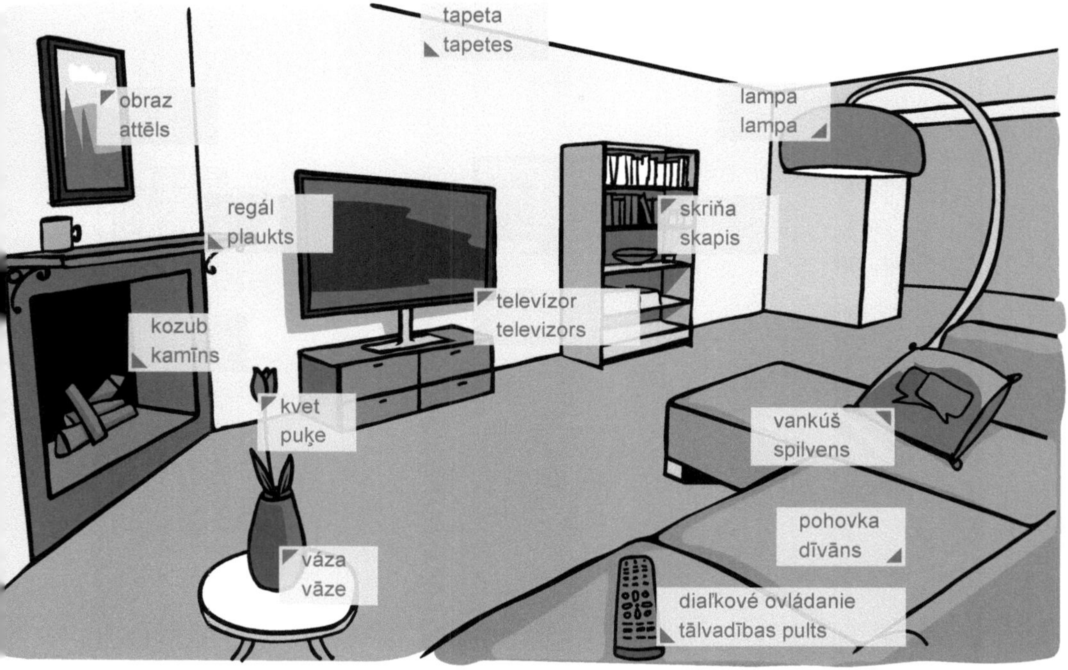

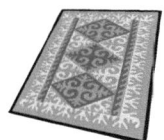

koberec

paklājs

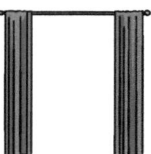

záclona

aizkars

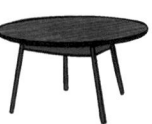

stôl

galds

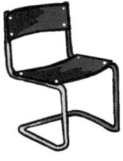

stolička

krēsls

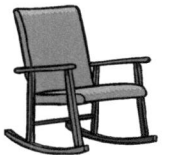

hojdacie kreslo

šūpuļkrēsls

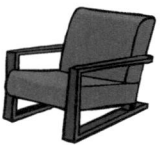

kreslo

atpūtas krēsls

kniha

grámata

prikrývka

sega

dekorácia

dekorācija

drevo na kúrenie

malka

film

filma

hi-fi veža

mūzikas centrs

kľúč

atslēga

noviny

avīze

maľba

glezna

plagát

plakāts

rádio

radio

zápisník

pierakstu blociņš

vysávač

putekļu sūcējs

kaktus

kaktuss

sviečka

svece

kuchyňa
virtuve

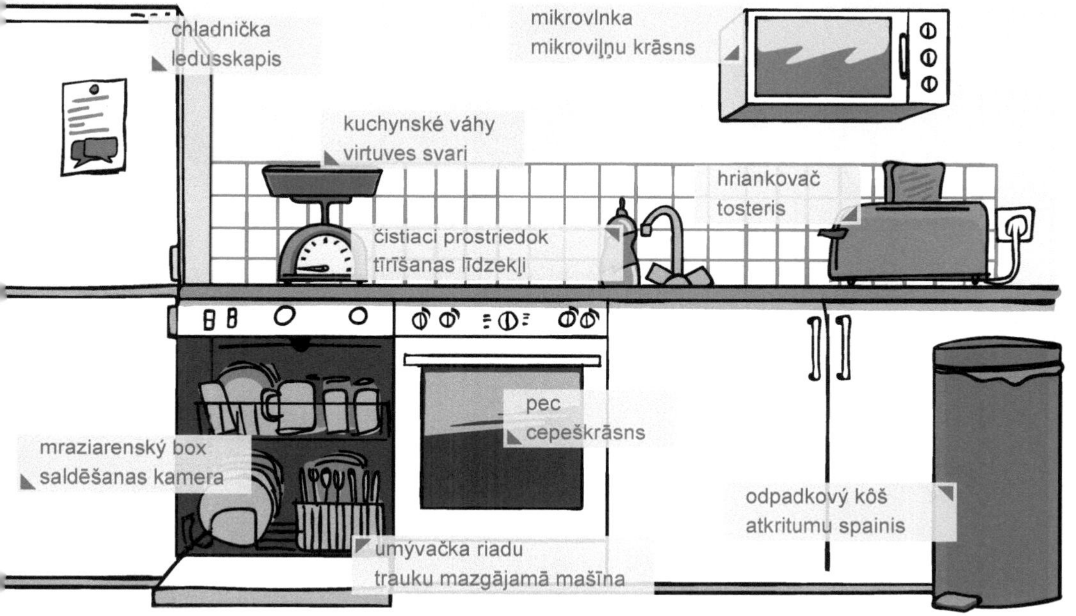
chladnička
ledusskapis
mikrovlnka
mikroviļņu krāsns
kuchynské váhy
virtuves svari
hriankovač
tosteris
čistiaci prostriedok
tīrīšanas līdzekļi
pec
cepeškrāsns
mraziarenský box
saldēšanas kamera
odpadkový kôš
atkritumu spainis
umývačka riadu
trauku mazgājamā mašīna

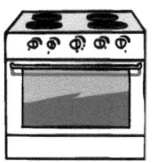

sporák
plīts

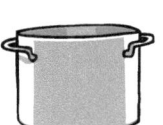

hrniec
pods

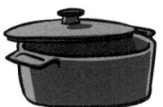

železný hrniec
katls

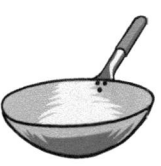

wok / kadai
Wok panna

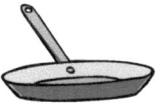

panvica
panna

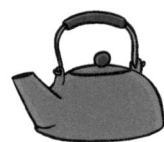

rýchlovarná kanvica
elektriskā tējkanna

parný hrniec

tvaika katls

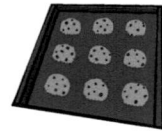

plech na pečenie

cepešpanna

riad

trauki

pohár

krūze

misa

bļoda

paličky

irbulīši

naberačka na polievku

kauss

stierka

lāpstiņa

metlička

putošanas slotiņa

cedidlo

sietiņš

sitko

siets

strúhadlo

rīve

mažiar

piesta

gril

grilēt

ohnisko

atklāts pavards

doska na krájanie

dēlis

valček na cesto

mīklas rullis

vývrtka

korķu vilķis

konzerva

bundža

otvárač na konzervy

konservu nazis

chňapka

virtuves cimdi

výlevka

izlietne

kefa

birste

hubka

sūklis

mixér

mikseris

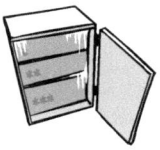

mraznička

saldētava

kojenecká fľaša

bērna pudelīte

vodovodný kohútik

ūdenskrāns

kúpeľňa
vannas istaba

kúrenie
apkure
uterák
dvielis
sprcha
duša
sprchový záves
dušas aizkari
pena do kúpeľa
vannas putas
vaňa
vanna
pohár
glāze
práčka
veļas mašīna
vodovodný kohútik
ūdenskrāns
dlaždice
flīzes
nočník
podiņš
výlevka
izlietne

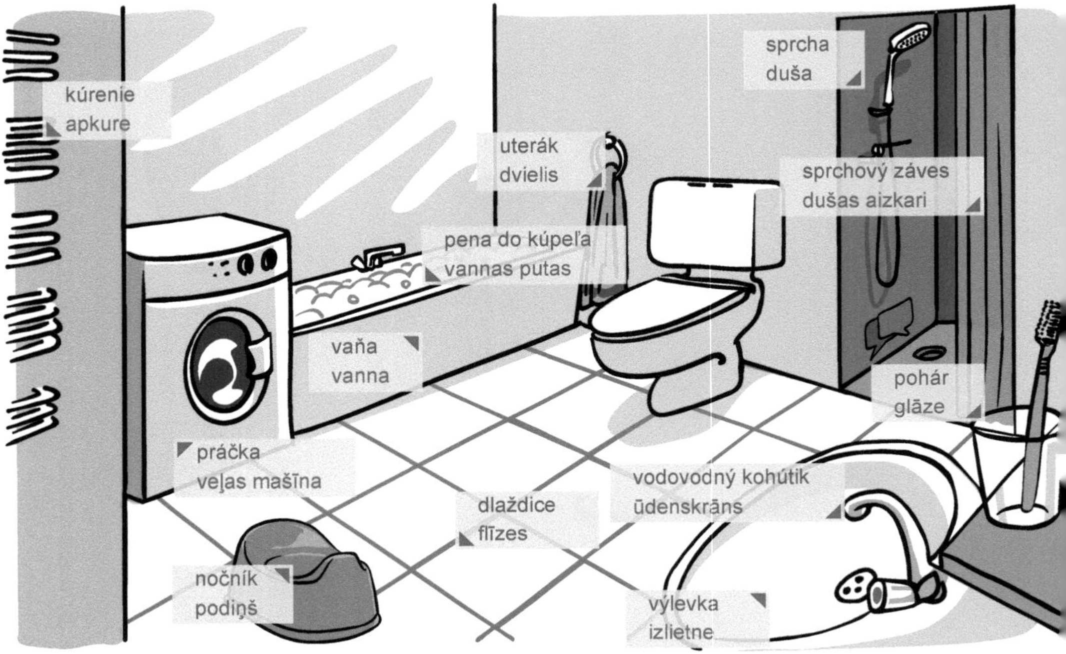

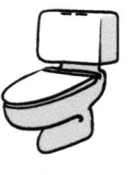

záchod

tualetes pods

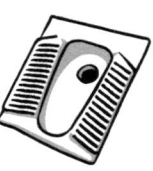

suchý záchod

Āzijas tipa tualete

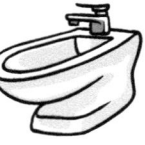

bidet

bidē

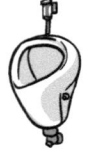

pisoár

pisuārs

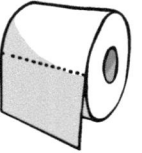

toaletný papier

tualetes papīs

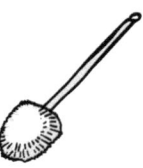

záchodová kefa

tualetes birste

zubná kefka

zobu birste

zubná pasta

zobu pasta

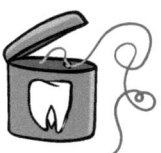

dentálna niť

zobu diegs

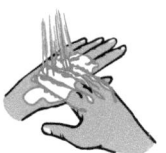

umývať

mazgāt

ručná sprcha

rokas duša

sprcha pre intímnu hygienu

duša

umývadlo

bļoda

kefa na chrbát

muguras mazgāšanas birste

mydlo

ziepes

sprchový gél

dušas želeja

šampón

šampūns

frotírová rukavica

mazgāšanas drāna

odtok

noteka

krém

krēms

dezodorant

dezodorants

zrkadlo

spogulis

kozmetické zrkadlo

spogulītis

žiletka

skuveklis

pena na holenie

skūšanās putas

voda po holení

losjons pēc skūšanās

hrebeň

ķemme

kefa

matu suka

sušič vlasov

matu fēns

sprej na vlasy

matu laka

make-up

grima komplekts

rúž

lūpu krāsa

lak na nechty

nagulaka

vata

vate

nožnice na nechty

šķērītes

parfum

smaržas

kozmetická taška

kosmētikas maks

stolček

ķeblītis

váha

svari

kúpací plášť

halāts

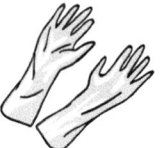

gumové rukavice

tīrīšanas cimdi

tampón

tampons

menštruačná vložka

pakete

chemické WC

ķīmiskā tualete

detská izba
bērnu istaba

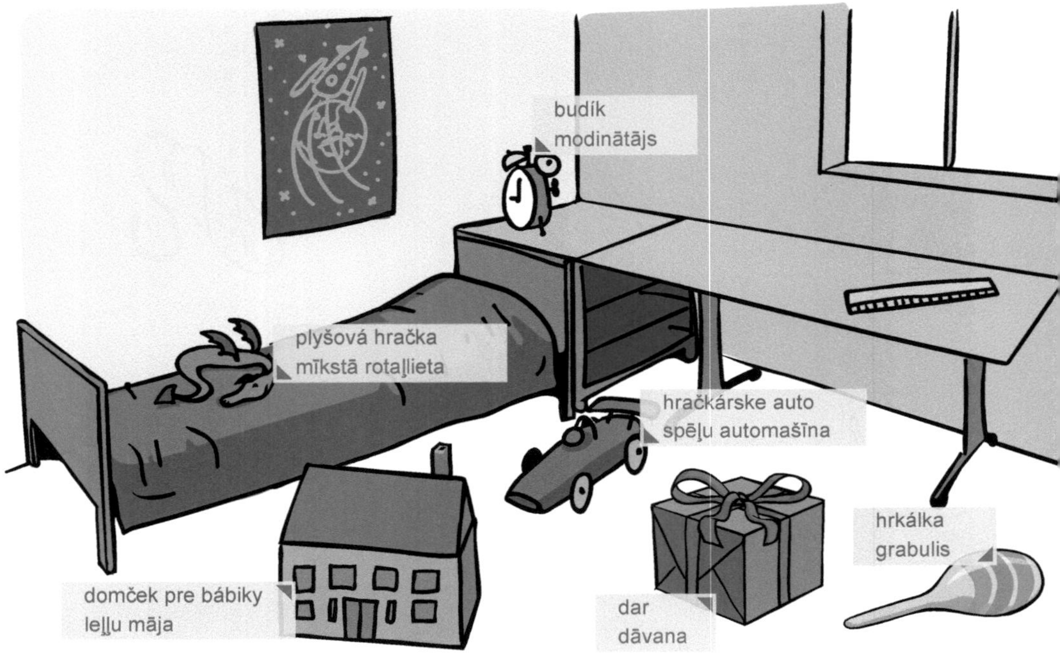

budík
modinātājs
plyšová hračka
mīkstā rotaļlieta
hračkárske auto
spēļu automašīna
hrkálka
grabulis
domček pre bábiky
leļļu māja
dar
dāvana

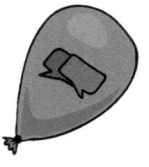

balón
balons

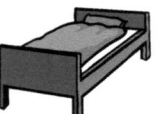

posteľ
gulta

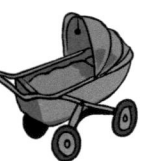

detský kočík
bērnu ratiņi

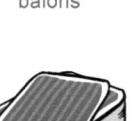

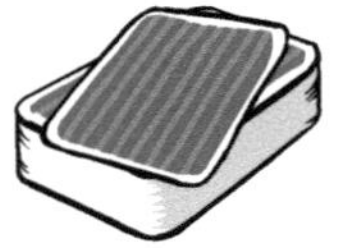

karty
kārtis

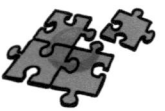

puzzle
puzle

komix
komikss

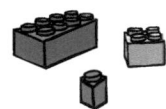

skladačka lego

LEGO klucīši

stavebnica

klucīši

akčná postavička

varoņu figūra

dupačky

rāpulītis

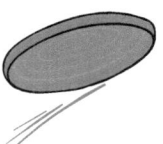

lietajúci tanier

lidojošais šķīvītis

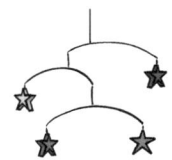

závesné hračky

muzikālais karuselis

stolová hra

galda spēle

kocka

metamais kauliņš

modelový vláčik

rotaļu dzelzceļš

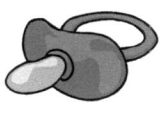

cumlík

māneklis

párty

ballīte

obrázková kniha

bilžu grāmata

lopta

bumba

bábika

lelle

hrať sa

spēlēt

pieskovisko

smilšu kaste

hojdačka

šūpoles

hračky

rotaļlietas

hracia konzola

spēļu konsole

trojkolka

trīsritenis

medvedík

plīša lācītis

šatník

drēbju skapis

šatstvo
apģērbs

ponožky

īszeķes

pančuchy

zeķes

pančuchové nohavičky

zeķbikses

šál
šalle

dáždnik
lietussargs

tričko
T-krekls

opasok
siksna

čižmy
zábaks

papuče
číbas

tenisky
botas

sandále
sandales

topánky
kurpes

gumáky
gumijas zābaki

spodky
apakšbikses

podprsenka
krūšturis

tielko
apakškrekls

body
bodijs

nohavice
bikses

džínsy
džinsi

sukňa
svārki

blúzka
blūze

košeľa
krekls

pulóver
pulovers

sveter
džemperis

blejzer
žakete

bunda
jaka

kabát
mētelis

pršiplášť
lietus mētelis

kostým
kostīms

šaty
kleita

svadobné šaty
kāzu kleita

oblek

uzvalks

nočná košeľa

naktskrekls

pyžamo

pidžama

sari

sari

šatka na hlavu

lakats

turban

turbāns

burka

burka

kaftan

kaftāns

abaja

abaja

dvojdielne plavky

peldkostīms

plavky

peldbikses

šortky

šorti

teplákova súprava

treniņtērps

zástera

priekšauts

rukavice

cimdi

gombík

poga

okuliare

brilles

náramok

rokassprādze

retiazka

kaklarota

prsteň

gredzens

náušnica

auskars

čiapka

cepure

vešiak

drēbju pakaramais

klobúk

platmale

kravata

kaklasaite

zips

rāvējslēdzējs

prilba

ķivere

traky

bikšturi

školská uniforma

skolas forma

uniforma

uniforma

podbradník
....
priekšautiņš

cumlík
....
māneklis

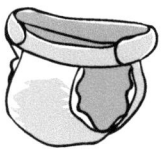

plienka
....
autiņbiksītes

kancelária
birojs

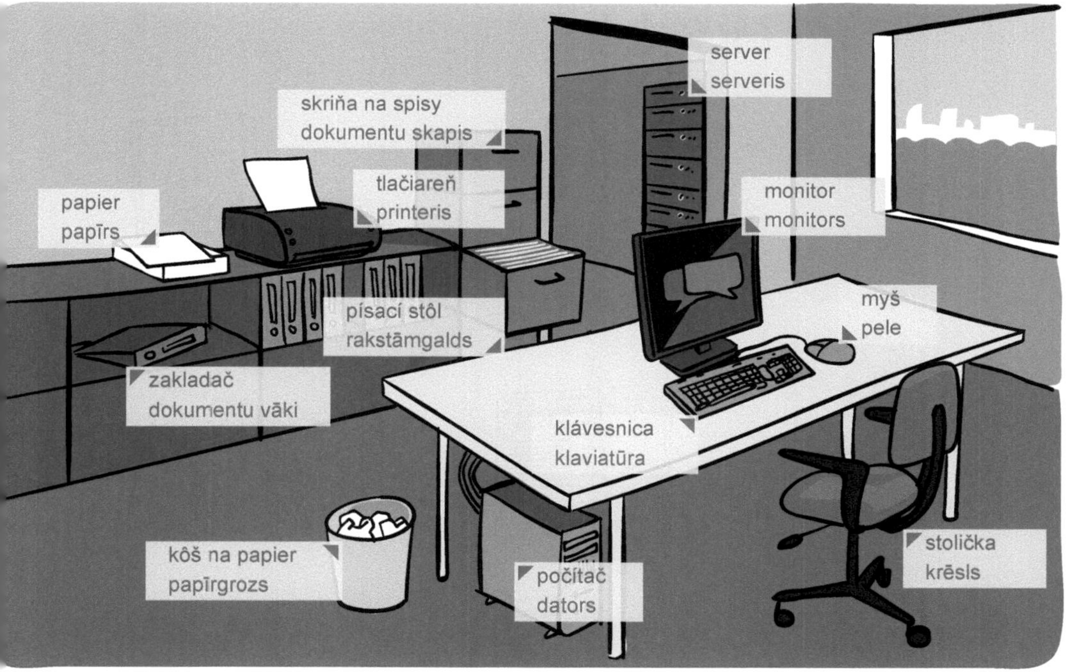

skriňa na spisy
dokumentu skapis

server
serveris

tlačiareň
printeris

monitor
monitors

papier
papírs

písací stôl
rakstāmgalds

myš
pele

zakladač
dokumentu vāki

klávesnica
klaviatūra

kôš na papier
papírgrozs

počítač
dators

stolička
krēsls

hrnček na kávu
....
kafijas krūze

kalkulačka
....
kalkulators

internet
....
internets

laptop

portatīvais dators

list

vēstule

správa

ziņa

mobil

mobilais tālrunis

sieť

tīkls

kopírka

kopētājs

softvér

programmatūra

telefón

telefons

elektrická zásuvka

rozete

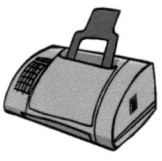

fax

faksa aparāts

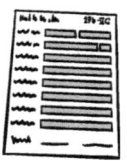

formulár

formulārs

doklad

dokuments

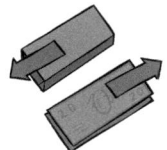

kúpiť

pirkt

platiť

samaksāt

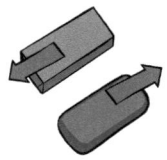

obchodovať

tirgot

peniaze

nauda

dolár

dolārs

euro

eiro

jen

jēna

rubeľ

rublis

švajčiarsky frank

franks

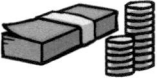

čínsky jüan

juaņa renminbi

rupia

rūpija

bankomat

bankomāts

zmenáreň

valūtas maiņas punkts

zlato

zelts

striebro

sudrabs

ropa

nafta

energia

enerģija

cena

cena

zmluva

līgums

daň

nodoklis

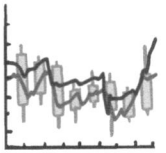

akcia

akcija

pracovať

strādāt

zamestnanec

darbinieks

zamestnávateľ

darba devējs

továreň

fabrika

obchod

veikals

povolania
profesijas

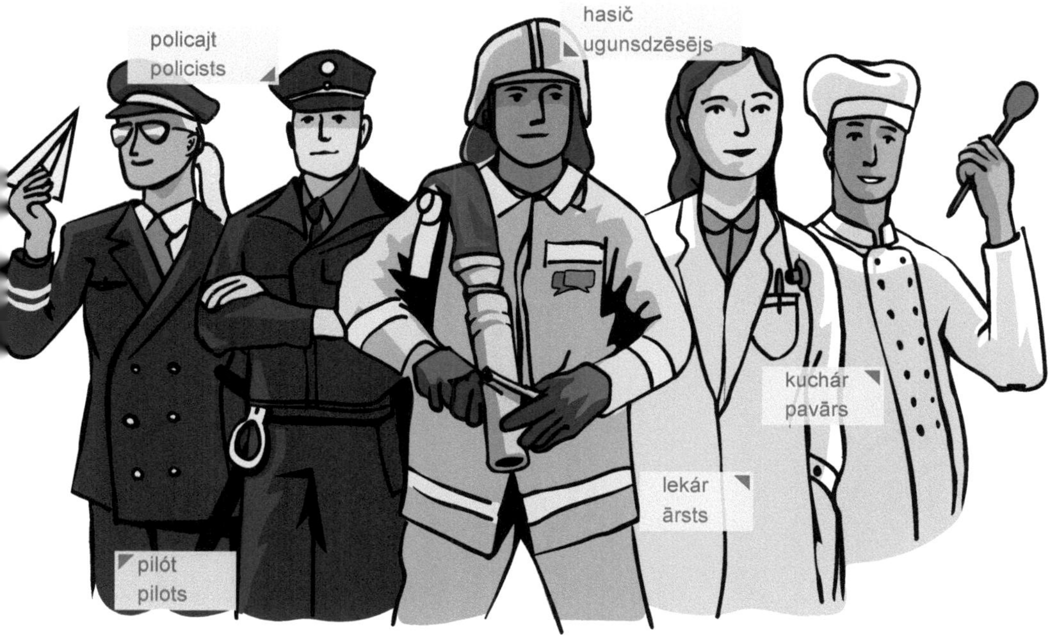
policajt
policists
hasič
ugunsdzēsējs
kuchár
pavārs
lekár
ārsts
pilót
pilots

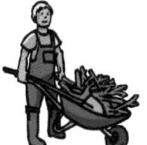

záhradník

dārznieks

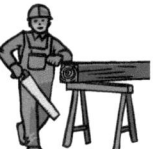

stolár

galdnieks

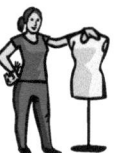

krajčírka

šuvēja

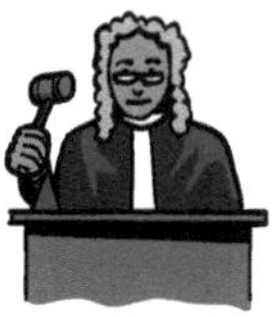

sudca

tiesnesis

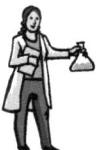

chemik

ķīmiķis

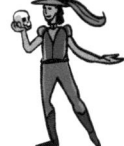

herec

aktieris

vodič autobusu

autobusa vadītājs

taxikár

taksometra vadītājs

rybár

zvejnieks

upratovačka

apkopēja

pokrývač

jumiķis

čašník

viesmīlis

poľovník

mednieks

maliar

gleznotājs

pekár

maiznieks

elektrikár

elektriķis

stavebný robotník

celtnieks

inžinier

inženieris

mäsiar

miesnieks

klampiar

skārdnieks

poštár

pastnieks

vojak
karavīrs

architekt
arhitekts

pokladník
kasieris

kvetinár
florists

kaderník
frizieris

sprievodca
konduktors

mechanik
mehāniķis

kapitán
kapteinis

zubár
zobārsts

vedec
zinātnieks

rabín
rabīns

imám
imāms

mních
mūks

farár
mācītājs

kladivo
āmurs

kliešte
knaibles

skrutkovač
skrūvgriezis

kľúč na skrutky
uzgriežņu atslēga

baterka
kabatas lukturītis

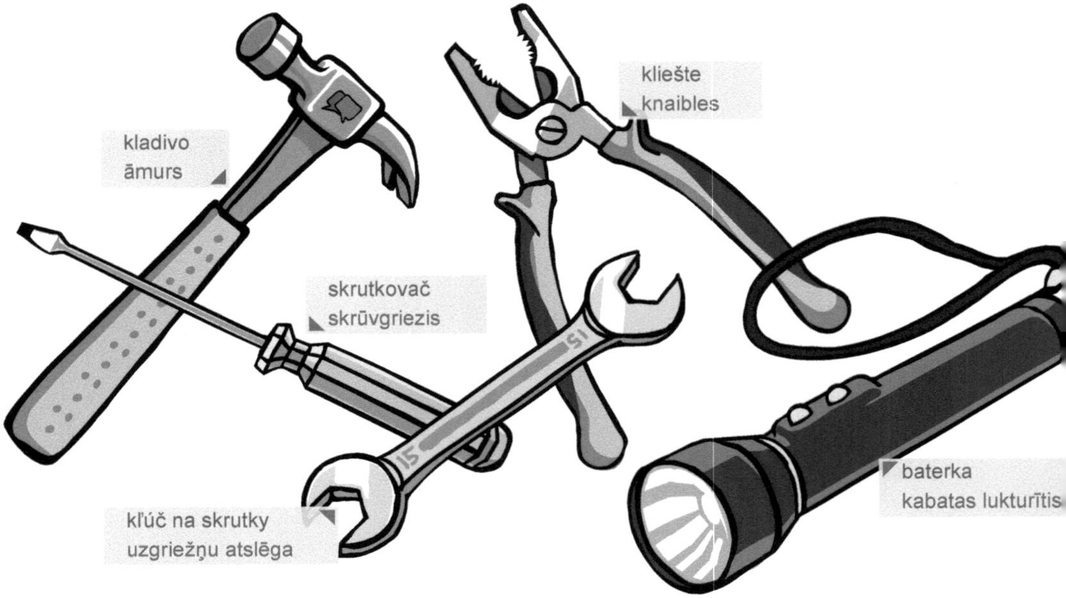

bager
....
ekskavators

súprava náradia
....
instrumentu kaste

rebrík
....
kāpnes

pílka
....
zāģis

klince
....
naglas

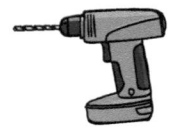

vrták
....
urbis

opraviť

remontēt

lopata

lāpsta

Do čerta!

Velns!

lopatka na smeti

liekšķere

nádoba s farbou

krāsas bundža

skrutky

skrūves

hudobné nástroje
mūzikas instrumenti

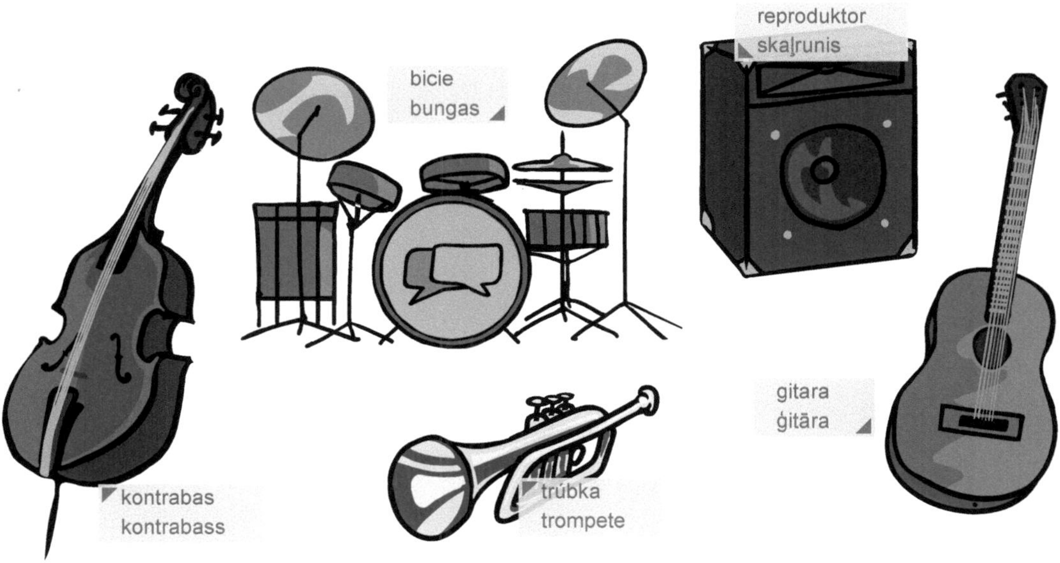

reproduktor
skaļrunis

bicie
bungas

kontrabas
kontrabass

trúbka
trompete

gitara
ģitāra

klavír

klavieres

husle

vijole

basa

bass

tympany

timpāni

bubon

bungas

klávesnica

digitālās klavieres

saxofón

saksofons

flauta

flauta

mikrofón

mikrofons

ZOO
zooloģiskais dārzs

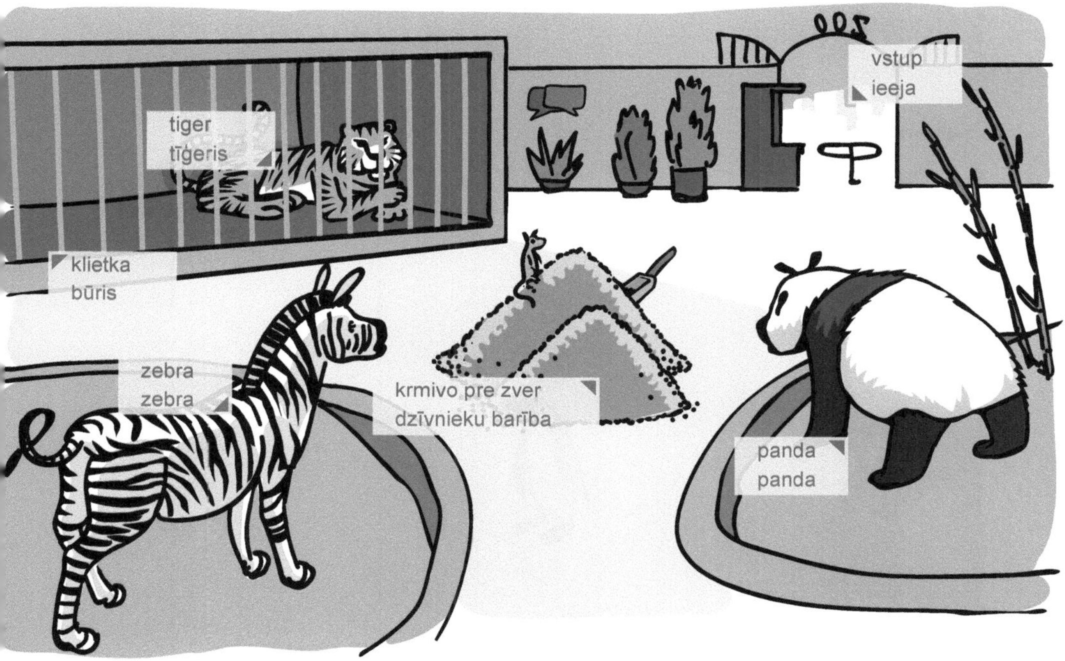
vstup
ieeja
tiger
tīģeris
klietka
būris
zebra
zebra
krmivo pre zver
dzīvnieku barība
panda
panda

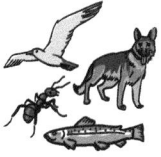

zvieratá

dzīvnieki

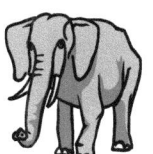

slon

zilonis

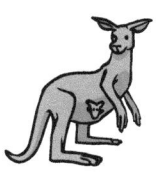

klokan

ķengurs

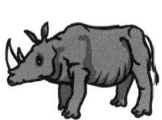

nosorožec

degunradzis

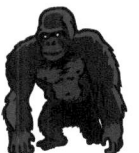

gorila

gorilla

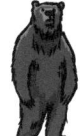

medveď

lācis

ťava

kamielis

pštros

strauss

lev

lauva

opica

pērtiķis

plameniak

flamings

papagáj

papagailis

ľadový medveď

polārlācis

tučniak

pingvīns

žralok

haizivs

páv

pāvs

had

čūska

krokodíl

krokodils

ošetrovateľ v ZOO

zoodārza sargs

tuleň

ronis

jaguár

jaguārs

poník

ponijs

leopard

leopards

hroch

nīlzirgs

žirafa

žirafe

orol

ērglis

diviak

meža cūka

ryba

zivs

korytnačka

bruņurupucis

mrož

valzirgs

líška

lapsa

gazela

gazele

americký futbal
amerikāņu futbols

cyklistika
riteņbraukšana

tenis
teniss

basketbal
basketbols

plávanie
peldēšana

box
bokss

hokej
hokejs

futbal
futbols

bedminton
badmintons

ľahká atletika
vieglatlētika

hádzaná
rokas bumba

lyžovanie
slēpošana

pólo
polo

aktivity
darbības

skočiť
lēkt
smiať sa
smieties
objať
apskaut
chodiť
iet
spievať
dziedāt
snívať
sapņot
modliť sa
lūgt
pobozkať
skūpstīt

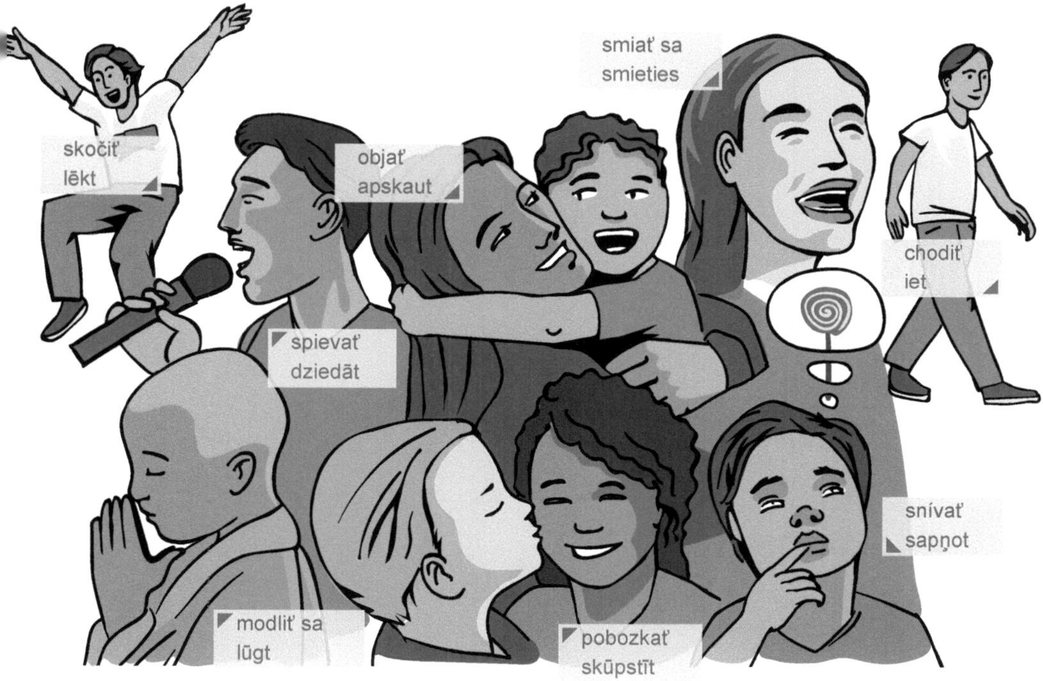

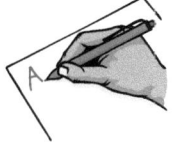

písať

rakstīt

kresliť

zīmēt

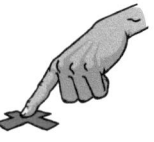

ukázať

rādīt

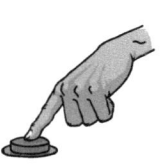

tlačiť

spiest

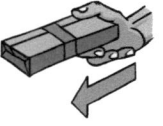

dať

dot

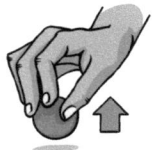

brať

ņemt

mať
būt

robiť
darīt

byť
būt

stáť
stāvēt

bežať
skriet

ťahať
vilkt

hádzať
mest

padnúť
krist

ležať
gulēt

čakať
gaidīt

nosiť
nest

sedieť
sēdēt

obliecť sa
uzģērbt

spať
gulēt

zobudiť sa
pamosties

pozerať
skatīties

plakať
raudāt

hladkať
glāstīt

česať
ķemmēt

hovoriť
runāt

rozumieť
saprast

pýtať sa
jautāt

počuť
dzirdēt

piť
dzert

jesť
ēst

upratať
sakārtot

milovať
mīlēt

variť
vārīt

jazdiť
braukt

letieť
lidot

plachtiť

burot

počítať

rēķināt

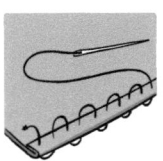

čítať

lasīt

učiť sa

mācīties

pracovať

strādāt

oženiť

precēties

šiť

šūt

čistiť zuby

tīrīt zobus

zabiť

nogalināt

fajčiť

smēķēt

poslať

sūtīt

rodina
ģimene

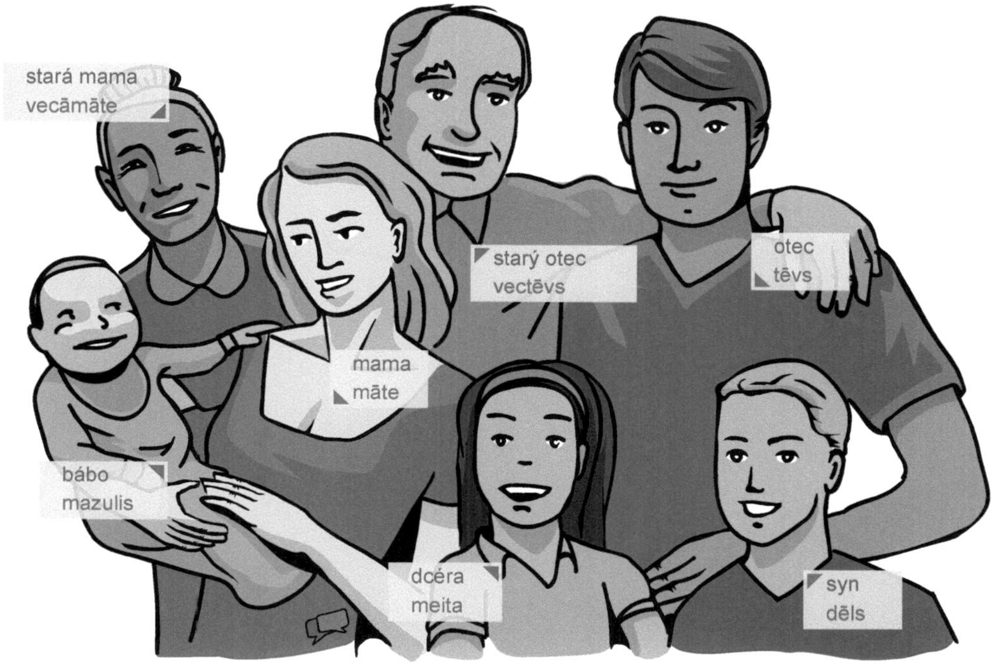
stará mama
vecāmāte
starý otec
vectēvs
otec
tēvs
mama
māte
bábo
mazulis
dcéra
meita
syn
dēls

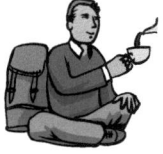

hosť
viesis

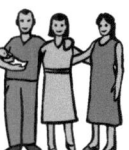

teta
tante

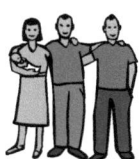

strýko
onkulis

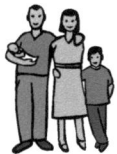

brat
brālis

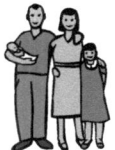

sestra
māsa

telo
ķermenis

čelo
piere
oko
acs
tvár
seja
brada
zods
hruď
krūtis
prst
pirksts
ruka
roka
rameno
roka
plece
plecs
noha
kāja

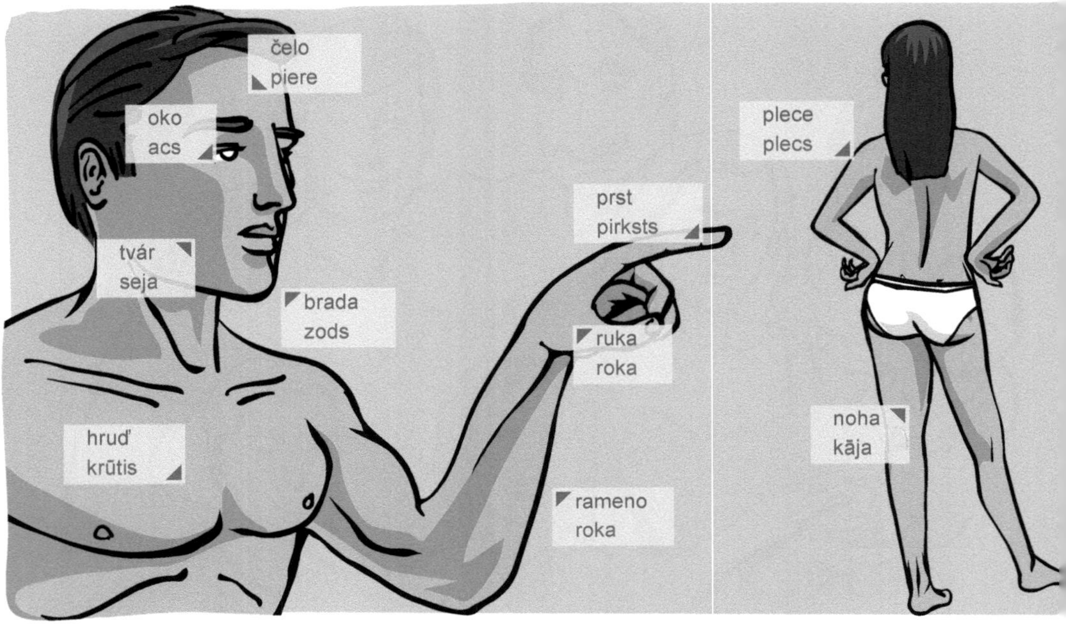

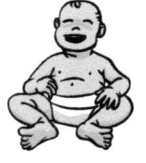

bábo

mazulis

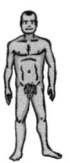

muž

vīrietis

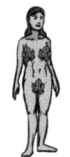

žena

sieviete

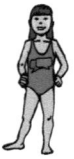

dievča

meitene

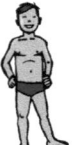

chlapec

zēns

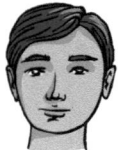

hlava

galva

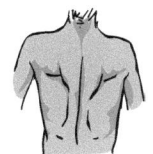

chrbát

mugura

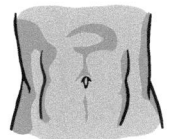

brucho

vēders

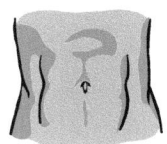

pupok

naba

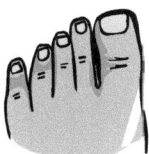

prst na nohe

kājas pirksts

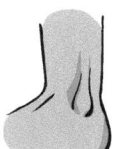

päta

papēdis

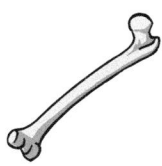

kosť

kauls

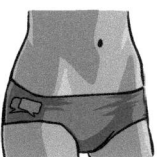

bok

gurns

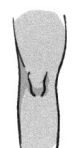

koleno

celis

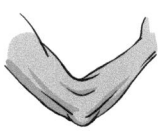

lakeť

elkonis

nos

deguns

zadok

dibens

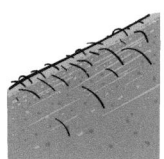

koža

āda

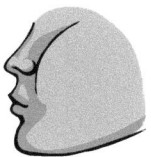

líce

vaigs

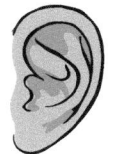

ucho

auss

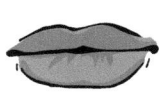

pery

lūpa

telo - ķermenis

69

ústa
mute

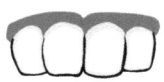

zub
zobs

jazyk
mēle

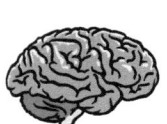

mozog
smadzenes

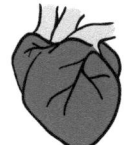

srdce
sirds

svaly
muskulis

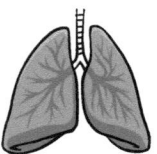

pľúca
plaušas

pečeň
aknas

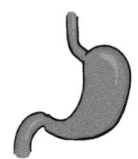

žalúdok
kuņģis

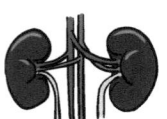

obličky
nieres

pohlavný styk
dzimumakts

kondóm
kondoms

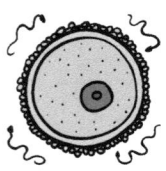

vaječná bunka
olšūna

semeno
sperma

tehotenstvo
grūtniecība

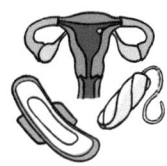

menštruácia

menstruãcijas

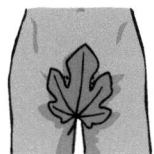

vagína

vagīna

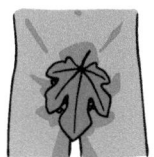

penis

penis

obočie

uzacs

vlasy

mati

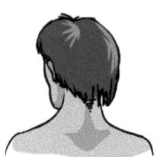

krk

kakls

nemocnica
slimnīca

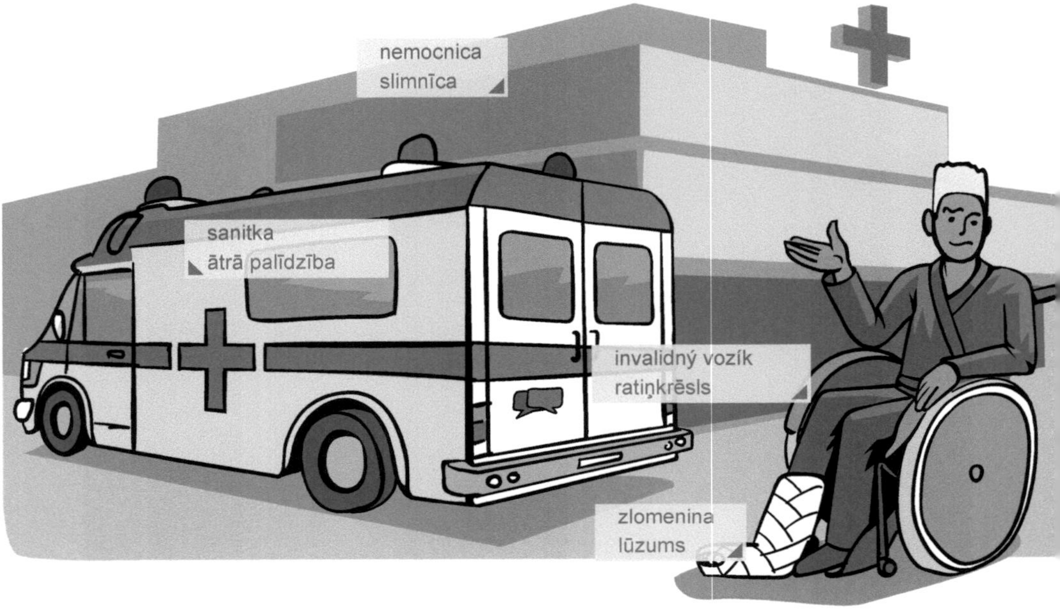

nemocnica
slimnīca
sanitka
ātrā palīdzība
invalidný vozík
ratiņkrēsls
zlomenina
lūzums

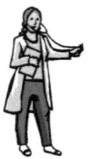

lekár

ārsts

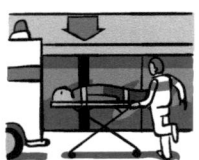

urgentný príjem

neatliekamās palīdzības nodaļa

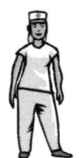

sestrička

medmāsa

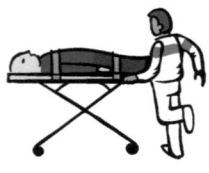

urgentný prípad

ārkārtas gadījums

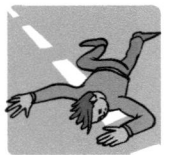

v bezvedomí

paģībis

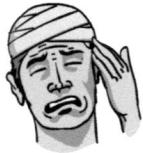

bolesť

sāpes

zranenie

ievainojums

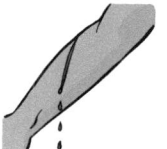

krvácanie

asiņošana

srdcový infarkt

sirdslēkme

mozgová porážka

insults

alergia

alerģija

kašeľ

klepus

teplota

temperatūra

chrípka

gripa

hnačka

caureja

bolesť hlavy

galvassāpes

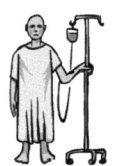

rakovina

vēzis

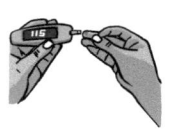

cukrovka

diabēts

chirurg

ķirurgs

skalpel

skalpelis

operácia

operācija

CT
....
datortomogrāfija

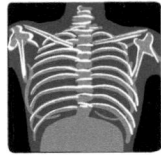

RTG
....
rentgents

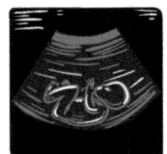

ultrazvuk
....
ultraskaņa

maska
....
sejas maska

choroba
....
slimība

čakáreň
....
uzgaidāmā telpa

barla
....
kruķis

náplasť
....
plāksteris

obväz
....
apsējs

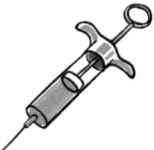

injekcia
....
injekcija

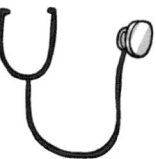

fonendoskop
....
stetoskops

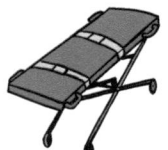

nosidlá
....
nestuves

teplomer
....
termometrs

pôrod
....
dzemdības

nadváha
....
liekais svars

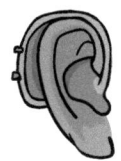

audiofón

dzirdes aparāts

dezinfekčný prostriedok

dezinfekcijas līdzeklis

infekcia

infekcija

vírus

vīruss

HIV / AIDS

HIV / AIDS

medicína

zāles

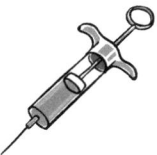

očkovanie

pote

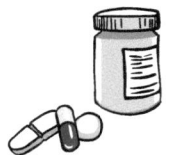

tabletky

tabletes

antikoncepčná pilulka

pretapaugļošanās tablete

tiesňové volanie

ārkārtas izsaukums

tlakomer

asinsspiediena mērītājs

chorý / zdravý

slims / vesels

Pomoc!

Palīgā!

alarm

trauksme

prepad

uzbrukums

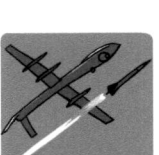

útok

uzbrukums

nebezpečenstvo

bīstamība

núdzový východ

avārijas izeja

Horí!

Uguns!

hasičský prístroj

ugunsdzēšamais aparāts

nehoda

negadījums

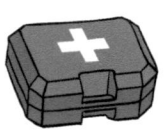

kufrík prvej pomoci

pirmās palīdzības aptieciņa

SOS

SOS

polícia

policija

Európa

Eiropa

Severná Amerika

Ziemeļamerika

Južná Amerika

Dienvidamerika

Afrika

Āfrika

Ázia

Āzija

Austrália

Austrālija

Atlantický oceán

Atlantijas okeāns

Tichý oceán

Klusais okeāns

Indický oceán

Indijas okeāns

Južný oceán

Dienvidu okeāns

Severný ľadový oceán

Ziemeļu ledus okeāns

Severný pól

Ziemeļpols

Južný pól
....
Dienvidpols

Antarktída
....
Antarktika

Zem
....
zeme

krajina
....
zeme

more
....
jūra

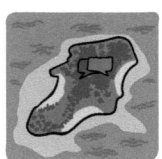

ostrov
....
sala

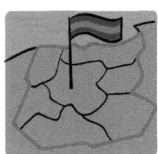

národ
....
nācija

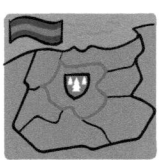

štát
....
valsts

ciferník

ciparnīca

hodinová ručička

stundu rādītājs

minútová ručička

minūšu rādītājs

sekundová ručička

sekunžu rādītājs

Koľko je hodín?

Cik ir pulkstenis?

deň

diena

čas

laiks

teraz

tagad

digitálne hodiny

digitālais pulkstenis

minúta

minūte

hodina

stunda

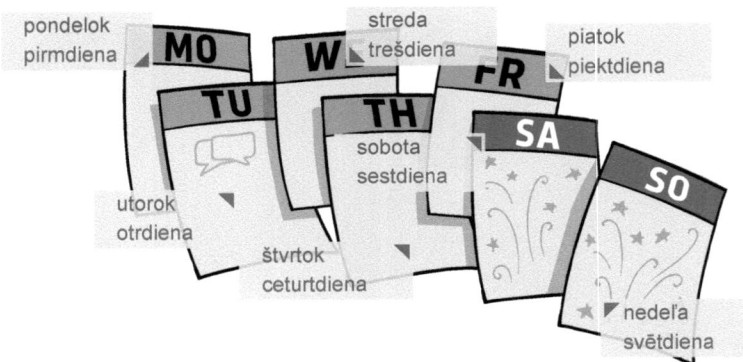

pondelok
pirmdiena

MO

streda
trešdiena

W

piatok
piektdiena

FR

TU

TH

SA

sobota
sestdiena

utorok
otrdiena

štvrtok
ceturtdiena

SO

nedeľa
svētdiena

včera
vakardien

dnes
šodien

zajtra
rītdien

ráno
rīts

poludnie
pusdienlaiks

večer
vakars

MO	TU	WE	TH	FR	SA	SU
1	2	3	4	5	6	7
8	9	10	11	12	13	14
15	16	17	18	19	20	21
22	23	24	25	26	27	28
29	30	31	1	2	3	4

pracovné dni
darbadienas

MO	TU	WE	TH	FR	SA	SU
1	2	3	4	5	6	7
8	9	10	11	12	13	14
15	16	17	18	19	20	21
22	23	24	25	26	27	28
29	30	31	1	2	3	4

víkend
brīvdienas

rok

gads

dážď
lietus
dúha
varavīksne
vietor
vējš
sneh
sniegs
jar
pavasaris
jeseň
rudens
leto
vasara
zima
ziema

4.APRIL 11°
5.APRIL 4°
6.APRIL 13°
7.APRIL 8°
8.APRIL 10°

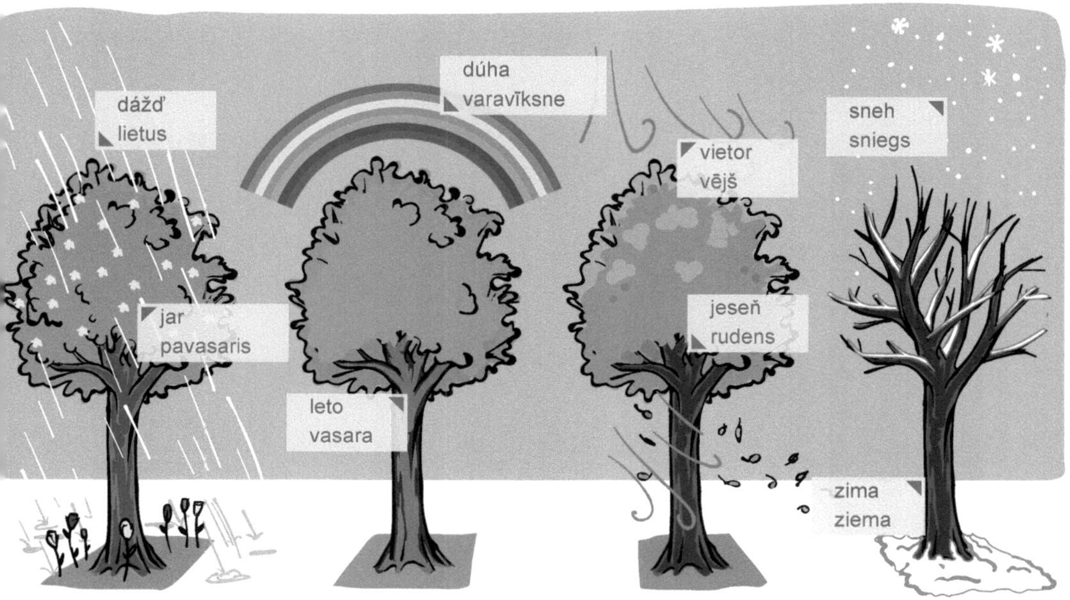

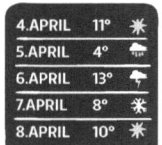

predpoveď počasia

laika prognoze

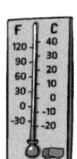

teplomer

termometrs

slnečný svit

saules gaisma

oblak

mākonis

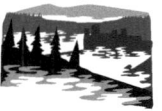

hmla

migla

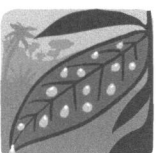

vlhkosť vzduchu

gaisa mitrums

blesk

zibens

hrom

pērkons

búrka

vētra

krúpy

krusa

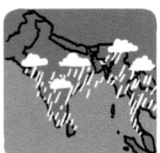

monzún

musons

záplava

plūdi

ľad

ledus

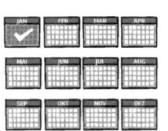

január

janvāris

február

februāris

marec

marts

apríl

aprīlis

máj

maijs

jún

jūnijs

júl

jūlijs

august

augusts

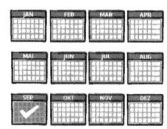

september
....
septembris

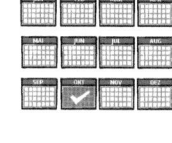

október
....
oktobris

november
....
novembris

december
....
decembris

tvary
formas

kruh
....
aplis

štvorec
....
kvadrāts

obdĺžnik
....
četrstūris

trojuholník
....
trīsstūris

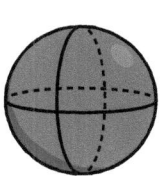

guľa
....
lode

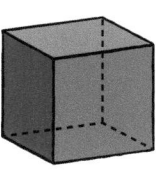

kocka
....
kubs

biela

balts

žltá

dzeltens

oranžová

oranžs

ružová

sārts

červená

sarkans

fialová

lillā

modrá

zils

zelená

zaļš

hnedá

brūns

šedá

pelēks

čierna

melns

veľa / málo

daudz / maz

zúrivý / pokojný

saniknots / miermīlīgs

pekný / škaredý

skaists / neglīts

začiatok / koniec

sākums / beigas

veľký / malý

liels / mazs

svetlý / tmavý

gaišs / tumšs

brat / sestra

brālis / māsa

čistý / špinavý

tīrs / netīrs

úplný / neúplný

pilnīgs / nepilnīgs

deň / noc

diena / nakts

mŕtvy / živý

miris / dzīvs

široký / úzky

plats / šaurs

chutný / nechutný

baudāms / nebaudāms

zlostný / láskavý

nikns / laipns

vzrušený / unudený

satraukts / garlaikots

tlstý / chudý

resns / tievs

prvý / posledný

pirmais /pēdējais

priateľ / nepriateľ

draugs / ienaidnieks

plný / prázdny

pilns / tukšs

tvrdý / mäkký

ciets / mīksts

ťažký / ľahký

smags / viegls

hlad / smäd

izsalkums / slāpes

chorý / zdravý

slims / vesels

nelegálny / legálny

nelegāls / legāls

inteligentný / hlúpy

inteliģents / dumjš

vľavo / vpravo

kreisais / labais

blízko / ďaleko

tuvu / tālu

nový / použitý

jauns / lietots

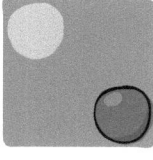

nič / niečo

nekas / kaut kas

starý / mladý

vecs / jauns

zapnuté / vypnuté

ieslēgts / izslēgts

otvorené / zatvorené

atvērts / slēgts

tichý / hlasný

kluss / skaļš

bohatý / chudobný

bagāts / nabags

správne / nesprávne

pareizi / nepareizi

drsný / hladký

raupjš / gluds

smutný / šťastný

noskumis / laimīgs

krátky / dlhý

īss / garš

pomaly / rýchlo

lēns / ātrs

mokrý / suchý

slapjš / sauss

teplý / studený

silts / vēss

vojna / mier

karš / miers

0

nula

nulle

1

jeden

viens

2

dva

divi

3

tri

trīs

4

štyri

četri

5

päť

pieci

6

šesť

seši

7

sedem

septiņi

8

osem

astoņi

9

deväť

deviņi

10

desať

desmit

11

jedenásť

vienpadsmit

12

dvanásť
divpadsmit

13

trinásť
trīspadsmit

14

štrnásť
četrpadsmit

15

pätnásť
piecpadsmit

16

šestnásť
sešpadsmit

17

sedemnásť
septiņpadsmit

18

osemnásť
astoņpadsmit

19

devätnásť
deviņpadsmit

20

dvadsať
divdesmit

100

sto
simts

1.000

tisíc
tūkstotis

1.000.000

milión
miljons

angličtina

anglļu

americká angličtina

amerikāņu angļu

mandarínska čínština

ķīniešu mandarīnu valoda

hindčina

hindi

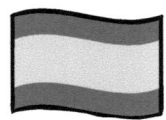

španielčina

spāņu

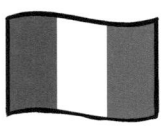

francúzština

franču

arabčina

arābu

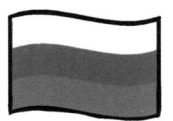

ruština

krievu

portugalčina

portugāļu

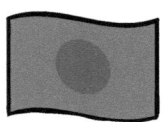

bengálčina

bengāļu

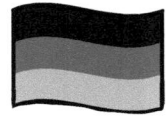

nemčina

vācu

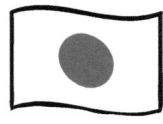

japončina

japāņu

ja
es

ty
tu

on/ona/ono
viņš / viņa

my
mēs

vy
jūs

oni
viņi / viņas

kto?
kas?

čo?
ko?

ako?
kā?

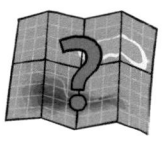

kde?
kur?

kedy?
kad?

meno
vārds

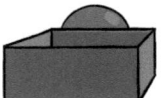

za
....
aiz

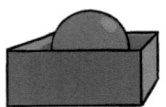

v
....
iekšā

pred
....
priekšā

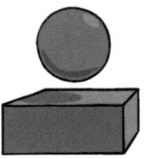

nad
....
virs

na
....
uz

pod
....
zem

vedľa
....
blakus

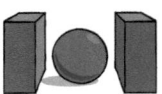

medzi
....
starp

miesto
....
vieta